Sylvia Plath

Drei Frauen – Three Women

Zu diesem Buch

Sylvia Plaths 1962 entstandenes dramatisches Gedicht »Drei Frauen« läßt in der Anonymität einer Entbindungsstation drei Frauenstimmen laut werden. Abwechselnd sprechen sie von Geburt und Mutterschaft: die glückliche junge Mutter mit ihrem kleinen Jungen – die Studentin, die sich zögernd lossagt vom unerwünschten Kind – die berufstätige Frau, die nach einer Fehlgeburt ihre Verzweiflung überwindet. Die Erlebnisse, von denen die Stimmen sprechen, sind so unterschiedlich wie ihre Versuche, mit ihnen zurechtzukommen. Jede der drei Frauen spricht für sich, aber im Grunde spricht immer nur eine: Sylvia Plath, die selbst zwei Kinder und eine Fehlgeburt hatte. Mit der Auslotung dieser verdrängten Ängste und Widerstände, aber auch der Wünsche und Hoffnungen zeigt Sylvia Plath, warum sie »eine der beunruhigendsten, wichtigsten Poetinnen dieses Jahrhunderts« ist (Eva Demski).

Sylvia Plath, geboren am 27. Oktober 1932 in Boston, veröffentlichte bereits mit siebzehn Jahren. Studium am Smith College und an der Universität Cambridge. 1956 heiratete sie den englischen Lyriker Ted Hughes, mit dem sie zwei Kinder hatte. Am 11. Februar 1963 nahm sie sich in London das Leben. 1997 erschien auf deutsch die aufsehenerregende Ausgabe ihrer Tagebücher, übersetzt von Alissa Walser.

Sylvia Plath
Drei Frauen
Three Women

Ein Gedicht für drei Stimmen
A Poem for Three Voices

Deutsch von Friederike Roth
Zweisprachige Ausgabe

Piper München Zürich

Von Sylvia Plath liegt in der Serie Piper außerdem vor:
Die Tagebücher (2778)

Ungekürzte Taschenbuchausgabe
Piper Verlag GmbH, München
September 1999

Titel der englischen Originalausgabe:
»Three Women« (erschienen in »Collected Poems.
Edited with an Introduction by Ted Hughes«,
Faber and Faber, London 1981)

Umschlag: Büro Hamburg, Andreas Rüthemann
Umschlagabbildung: Nicholas Vitacco, Toronto Image Works Ltd.
Foto Umschlagrückseite: Rollie McKenna
Satz: Photosatz Reinhard Amann, Leutkirch
Druck und Bindung: Clausen & Bosse, Leck
Printed in Germany ISBN 3-492-22779-1

Ort:
Auf der Entbindungsstation
und draußen

Setting:
A Maternity Ward and
round about

First Voice

I am slow as the world. I am very patient,
Turning through my time, the suns and stars
Regarding me with attention.
The moon's concern is more personal:
She passes and repasses, luminous as a nurse.
Is she sorry for what will happen? I do not think so.
She is simply astonished at fertility.

Erste Stimme

Langsam bin ich wie die Welt. Durchkreise
Sehr geduldig meine Zeit. Sonnen
Auch Sterne achten auf mich.
Der Mond neigt sich mir teilnahmsvoller zu:
Vergehend, erstehend im ammenweißen Schimmer.
Mondamme, bedauert sie was kommt?
Wohl nicht. Fruchtbarkeit verwundert sie schlicht.

First Voice

When I walk out, I am a great event.
I do not have to think, or even rehearse.
What happens in me will happen without attention.
The pheasant stands on the hill;
He is arranging his brown feathers.
I cannot help smiling at what it is I know.
Leaves and petals attend me. I am ready.

Erste Stimme

Ich gehe hinaus, und schon bin ich das große Ereignis.
Ich muß nicht nachdenken oder gar üben dafür.
Was in mir geschieht, es geschieht ohne Aufsehn.
Auf dem Hügel steht der Fasan;
Er zupft seine braunen Federn zurecht.
Was es bedeutet weiß ich und muß lächeln darüber.
Blätter und Blüten werden da sein. Ich bin bereit.

Second Voice

When I first saw it, the small red seep, I did not believe it.
I watched the men walk about me in the office. They were
so flat!
There was something about them like cardboard, and now
I had caught it,
That flat, flat, flatness from which ideas, destructions,
Bulldozers, guillotines, white chambers of shrieks proceed,
Endlessly proceed – and the cold angels, the abstractions.
I sat at my desk in my stockings, my high heels,

Zweite Stimme

Ich hab es nicht geglaubt, als ich entdeckte
Was da ausgesickert war, klein und rot.
Ich hab die Männer im Büro um mich herum betrachtet.
Sie waren so platt.
So platt etwa wie Pappkartons. Schlagartig wußte ich,
Diese platteste Plattheit brütet Ideologien,
Zerstörungen aus, Bulldozer, Guillotinen,
Weiße schalldichte Räume – die kalten Engel,
Abstraktionen ohne Ende.
Ich saß an meinem Platz, hochhackig, feinbestrumpft,

Second Voice

And the man I work for laughed: ›Have you seen
something awful?
You are so white, suddenly.‹ And I said nothing.
I saw death in the bare trees, a deprivation.
I could not believe it. Is it so difficult
For the spirit to conceive a face, a mouth?
The letters proceed from these black keys, and these black
keys proceed
From my alphabetical fingers, ordering parts,

Zweite Stimme

Und mein Vorgesetzter lachte: »Haben Sie
Den Leibhaftigen gesehen? Sie sind
Auf einen Schlag so blaß.« Und ich sagte nichts.
Tod sah ich in den kahlen Bäumen. Ein Verlust.
Ich konnte es nicht glauben. Ist es so schwierig
Für den Geist, ein Gesicht zu erschaffen, einen Mund?
Die Buchstaben entstehen aus diesen schwarzen Tasten,
Und diese schwarzen Tasten verbinden sich
Mit tippenden Fingern, formen Absätze,

Second Voice

Parts, bits, cogs, the shining multiples.
I am dying as I sit. I lose a dimension.
Trains roar in my ears, departures, departures!
The silver track of time empties into the distance,
The white sky empties of its promise, like a cup.
These are my feet, these mechanical echoes.
Tap, tap, tap, steel pegs. I am found wanting.

Zweite Stimme

Absätze, Abschnitte, verschachtelte Blöcke,
Eine blendende Vielfalt.
Ich sterbe während ich hier sitze. Verliere einen Teil.
In meinen Ohren dröhnen Züge. Abfahrten, Abfahrten!
Die Silberspur der Zeit verliert sich in der Ferne,
Der helle Himmel leert tassenweise weg, was er versprach.
Dies machen meine Füße, dieses mechanische Geklapper.
Tap tap tap, Stifte aus Stahl. Ich weiß, ich will noch was.

Second Voice

This is a disease I carry home, this is a death.
Again, this is a death. Is it the air,
The particles of destruction I suck up? Am I a pulse
That wanes and wanes, facing the cold angel?
Is this my lover then? This death, this death?
As a child I loved a lichen-bitten name.
Is this the one sin then, this old dead love of death?

Zweite Stimme

Ein Leiden ist es, das ich heimwärts trage, es ist ein Tod.
Und noch einmal: Es ist ein Tod. Ist es die Luft
Die Teile der Zerstörung, die ich aufsog? Bin ich ein Puls
Der langsam schwindet, im Angesicht des kalten Engels?
Ist also mein Geliebter er? Dieser Tod, dieser Tod?
Als Kind schon habe ich einen verfluchten Namen geliebt.
Ist also dieses das Vergehen, die alte
Verschollene Liebe zum Tod?

Third Voice

I remember the minute when I knew for sure.
The willows were chilling,
The face in the pool was beautiful, but not mine –
It had a consequential look, like everything else,
And all I could see was dangers: doves and words,
Stars and showers of gold – conceptions, conceptions!
I remember a white, cold wing

Dritte Stimme

Ich denke an den Augenblick, als ich es sicher wußte.
Die Weiden standen im Frost,
Und wunderschön war das Gesicht im Teich, aber
Es war nicht das meine –
Es sah entschlossen aus, wie alles andere auch,
Und ich sah bloß Gefahren: Tauben und Wörter,
Goldhagel, Sterne – Empfängnis, Empfängnis!
Ich denke zurück an einen weißen, kalten Flügel

Third Voice

And the great swan, with its terrible look,
Coming at me, like a castle, from the top of the river.
There is a snake in swans.
He glided by; his eye had a black meaning.
I saw the world in it – small, mean and black,
Every little word hooked to every little word, and act to act.
A hot blue day had budded into something.

Dritte Stimme

Und der große Schwan, schrecklich sein Anblick,
Kam über mich, wie eine schwimmende Festung.
Es steckt eine Schlange in Schwänen.
Er glitt herbei; schwarz war sein Auge.
Ich hab die Welt darin gesehen – klein, schwarz
und schlecht,
Und jedes Wörtchen hing mit dem vorangegangenen
zusammen.
Ein heißer blauer Tag war angebrochen und trieb
auf Unbestimmtes zu.

Third Voice

I wasn't ready. The white clouds rearing
Aside were dragging me in four directions.
I wasn't ready.
I had no reverence.
I thought I could deny the consequence –
But it was too late for that. It was too late, and the face
Went on shaping itself with love, as if I was ready.

Dritte Stimme

Ich war nicht bereit. Die weißen Wolken
Zogen vorbei, zerrten mich nach Nord Süd West und Ost.
Ich war nicht bereit.
Hatte nichts vorzuweisen.
Ich dachte, ich hätte mit den Folgen nichts zu tun –
Aber dafür war es zu spät. Es war zu spät, und das Gesicht,
Es fing sich an zu formen, mit Liebe. Als wär ich
doch bereit.

Second Voice

It is a world of snow now. I am not at home.
How white these sheets are. The faces have no features.
They are bald and impossible, like the faces of my children,
Those little sick ones that elude my arms.
Other children do not touch me: they are terrible.
They have too many colors, too much life. They are not
quiet,
Quiet, like the little emptinesses I carry.

Zweite Stimme

Hier nun ist eine Welt aus Schnee. Zu Hause bin ich nicht.
Wie weiß sind diese Laken. Und die Gesichter ausdruckslos.
Sie sind so glatt und ungeformt,
Wie die Gesichter meiner Kinder,
Dieser schwachen Kleinen, die meine Arme meiden.
Andere Kinder rühren mich nicht: Sie sind schrecklich.
Sie sind zu bunt und lebhaft. Sie sind nicht still,
Still wie das bißchen Leere, das ich trage.

Second Voice

I have had my chances. I have tried and tried.
I have stitched life into me like a rare organ,
And walked carefully, precariously, like something rare.
I have tried not to think too hard. I have tried to be natural.
I have tried to be blind in love, like other women,
Blind in my bed, with my dear blind sweet one,
Not looking, through the thick dark, for the face of another.

Zweite Stimme

Ich hatte meine Chancen. Ich hab es noch und
noch versucht.
Ich hab mir Leben eingetrichtert, als wärs ein
kostbarseltenes Organ,
Ging vorsichtig und tastend, wie etwas ganz Besonderes.
Ich gab mir Mühe, nicht allzu ernsthaft nachzudenken.
Ich habe versucht, ganz natürlich zu sein.
Ich habe versucht, vor Liebe blind zu sein,
wie andere Frauen auch,
Blind noch im Bett, mit meinem süßen blinden Liebling,
Nicht durch das dichte Dunkel auf ein anderes Gesicht
zu achten.

Second Voice

I did not look. But still the face was there,
The face of the unborn one that loved its perfections,
The face of the dead one that could only be perfect
In its easy peace, could only keep holy so.
And then there were other faces. The faces of nations,
Governments, parliaments, societies,
The faceless faces of important men.

Zweite Stimme

Ich hab nicht hingesehen. Und dennoch,
das Gesicht war da,
Das Gesicht des Ungeborenen, verliebt in eigene
Vollkommenheiten,
Das Gesicht des Toten, das einzig und allein vollkommen
sein kann
Im heiteren Frieden, und so nur heilig bleibt.
Dann aber kamen die anderen Gesichter.
Die Gesichter der Völker,
Der Regierungen, Parlamente, Gesellschaften,
Die gesichtslosen Gesichter wichtiger Männer.

Second Voice

It is these men I mind:
They are so jealous of anything that is not flat! They are
jealous gods
That would have the whole world flat because they are.
I see the Father conversing with the Son.
Such flatness cannot but be holy.
›Let us make a heaven,‹ they say.
›Let us flatten and launder the grossness
from these souls.‹

Zweite Stimme

Das sind die Männer, die ich meine:
Neidisch sind sie auf alles, was nicht platt ist!
Neidische Götter sind sie.
Sie wollen eine platte Welt, denn sie sind selbst so platt.
Ich seh den Vater im Gespräch mit seinem Sohn.
Diese Plattheit muß wohl heilig sein.
»Laß uns das Paradies erschaffen«, sagen sie.
»Laß uns die Plattheit rein und platt erhalten,
frei von den armen Seelen.«

First Voice

I am calm. I am calm. It is the calm before something
awful:
The yellow minute before the wind walks, when the leaves
Turn up their hands, their pallors. It is so quiet here.
The sheets, the faces, are white and stopped, like clocks.
Voices stand back and flatten. Their visible hieroglyphs
Flatten to parchment screens to keep the wind off.
They paint such secrets in Arabic, Chinese!

Erste Stimme

Ich bin ruhig. Ich bin ruhig. Es ist die Ruhe vor dem Sturm:
Giftgelber Augenblick ehe der Wind kommt, wenn sich
Das Blattgefieder dreht, die blasse Unterseite
        nach oben legt.
Die Laken, die Gesichter, weiß und verstummt
        wie Glocken.
Stimmen stehen dort hinten und nuscheln.
        Was sichtbar war
Und kaum zu entziffern
Erstarrt zur Windschutzwand aus Pergament.
Sie malen magische Zeichen auf in Arabisch, Chinesisch!

First Voice

I am dumb and brown. I am a seed about to break.
The brownness is my dead self, and it is sullen:
It does not wish to be more, or different.
Dusk hoods me in blue now, like a Mary.
O color of distance and forgetfulness! –
When will it be, the second when Time breaks
And eternity engulfs it, and I drown utterly?

Erste Stimme

Ich bin schwerfällig und düster. Ich bin geboren um
zerstört zu werden.
Mein totes Ich ist Düsternis und dies beharrlich:
Es will nicht mehr sein, oder anders.
Dämmerung hüllt mich, madonnengleich, in Blau.
Ach Farbe der Ferne, des Vergessens! –
Wann wird er sein, der Augenblick, der Zeit durchbricht
Und von der Ewigkeit umschlungen wird und mich ganz
überschwemmt?

First Voice

I talk to myself, myself only, set apart –
Swabbed and lurid with disinfectants, sacrificial.
Waiting lies heavy on my lids. It lies like sleep,
Like a big sea. Far off, far off, I feel the first wave tug
Its cargo of agony toward me, inescapable, tidal.
And I, a shell, echoing on this white beach
Face the voices that overwhelm, the terrible element.

Erste Stimme

Ich rede mit mir, nur mit mir, zur Seite geschoben –
Blaß und gesäubert und desinfiziert, ganz rein.
Das Warten liegt mir schwer auf meinen Lidern.
Es liegt dort wie ein Schlaf,
Ein großer See. Weit fort, weit fort, die erste Welle
Schlägt mir mit Todeskraft entgegen, unentrinnbar,
zeitenbestimmt.
Und ich, eine Schale, ein Echo bloß an diesem
weißen Strand
Seh ins Gesicht der Stimmen, die mich überwältigen,
schreckliches Element.

Third Voice

I am a mountain now, among mountainy women.
The doctors move among us as if our bigness
Frightened the mind. They smile like fools.
They are to blame for what I am, and they know it.
They hug their flatness like a kind of health.
And what if they found themselves surprised, as I did?
They would go mad with it.

Dritte Stimme

Ich bin ein Berg jetzt unter anderen Frauenbergen.
Die Ärzte gehn um uns herum als schrecke unser Umfang
Das Gemüt. Wie Idioten lächeln sie.
Es liegt an ihnen, daß ich so bin, wie ich bin.
    Das wissen sie.
Sie klammern sich an ihre Plattheit
    als wäre das Gesundheit.
Und was passiert, wenn ihnen Überraschendes begegnet,
    wie damals mir?
Sie würden darüber verrückt.

Third Voice

And what if two lives leaked between my thighs?
I have seen the white clean chamber with its instruments.
It is a place of shrieks. It is not happy.
›This is where you will come when you are ready.‹
The night lights are flat red moons. They are dull with
blood.
I am not ready for anything to happen.
I should have murdered this, that murders me.

Dritte Stimme

Und was passiert, wenn zwischen meinen Schenkeln
        zwei Leben zucken?
Ich hab das sterile weiße Zimmer samt Instrumenten
        gesehen.
Es ist der Ort des Angstschreis. Es ist nicht heiter.
»Hierher wirst du kommen, wenn du soweit bist.«
Die Nachtlampen sind flache rote Monde. Blut läßt sie kalt.
Ich bin nicht bereit für das, was geschieht.
Umbringen hätte ich sollen, was mich umbringt.

First Voice

There is no miracle more cruel than this.
I am dragged by the horses, the iron hooves.
I last. I last it out. I accomplish a work.
Dark tunnel, through which hurtle the visitations,
The visitations, the manifestations, the startled faces.
I am the center of an atrocity.
What pains, what sorrows must I be mothering?

Erste Stimme

Kein Wunder ist grausamer als dieses.
Von Pferden gezerrt, zerstampft von Eisenhufen.
Aber ich halte. Ich halte es aus. Ich vollende ein Werk.
Dunkler Tunnel. Von Heimsuchungen durchschossen,
Den Heimsuchungen, Offenbarungen,
    den bestürzten Gesichtern.
Ich bin der Mittelpunkt des Ungeheuren.
Welche Besorgtheit und Pein muß ich bereiten
Bloß weil ich gebäre.

First Voice

Can such innocence kill and kill? It milks my life.
The trees wither in the street. The rain is corrosive.
I taste it on my tongue, and the workable horrors,
The horrors that stand and idle, the slighted godmothers
With their hearts that tick and tick, with their satchels of
instruments.
I shall be a wall and a roof, protecting.
I shall be a sky and a hill of good: O let me be!

Erste Stimme

Kann eine solche Unschuld töten, wieder
und wieder töten?
Mir schwindet mit der Milch mein Leben.
Die Bäume welken an der Straße. Der Regen zersetzt.
Ich spür es auf der Zunge, und die einsatzfähigen
Schrecken,
Die Schrecken, die nur so rumstehen,
die scheuseeligen Hebammen
Mit unverwüstlich tickenden Herzen,
mit ihren Instrumententaschen.
Ich werde Mauer sein und Dach, ich werde beschützen.
Ich werde ein Himmel sein und ein Berg voller Güte: Ach
laßt es mich sein!

First Voice

A power is growing on me, an old tenacity.
I am breaking apart like the world. There is this blackness,
This ram of blackness. I fold my hands on a mountain.
The air is thick. It is thick with this working.
I am used. I am drummed into use.
My eyes are squeezed by this blackness.
I see nothing.

Erste Stimme

Aus mir wächst eine Kraft, die alte Zähigkeit.
Zerbrechen werde ich am Rande, wie die Welt.
Da ist diese Schwärze, dieser Block aus Schwärze.
Ich falte meine Hände über einem Berg.
Die Luft ist schwer. Sie ist bei dieser Arbeit schwer.
Ich bin verbraucht. Man hat mich
          in die Nützlichkeit gejagt.
Diese Schwärze drückt mir auf die Augen.
Ich sehe nichts.

Second Voice

I am accused. I dream of massacres.
I am a garden of black and red agonies. I drink them,
Hating myself, hating and fearing. And now the world
conceives
Its end and runs toward it, arms held out in love.
It is a love of death that sickens everything.
A dead sun stains the newsprint. It is red.
I lose life after life. The dark earth drinks them.

Zweite Stimme

Man klagt mich an. Aus Massakern bestehen meine
Träume.
Ich bin ein Garten blühend schwarzer, roter Agonien.
Ich saug sie auf,
Ich hasse mich dabei, hasse und fürchte mich.
Und nun gebiert die Welt
Ihr Ende, rennt ihm entgegen, die Arme ausgestreckt
voll Liebe.
Es ist die Todessehnsucht, die alles krank macht.
Eine tote Sonne färbt das Papier der Zeitung ein. Es ist rot.
Ich verlier ein Leben nach dem anderen.
Die dunkle Erde verschlingts.

Second Voice

She is the vampire of us all. So she supports us,
Fattens us, is kind. Her mouth is red.
I know her. I know her intimately –
Old winter-face, old barren one, old time bomb.
Men have used her meanly. She will eat them.
Eat them, eat them, eat them in the end.
The sun is down. I die. I make a death.

Zweite Stimme

Sie saugt uns alle aus. Obwohl sie uns erhält,
Uns schmeichelt, freundlich ist. Ihr Mund ist rot.
Ich kenne sie. Ich bin mit ihr vertraut –
Altes, längst unfruchtbares Wintergesicht,
Zeitbombe von einst.
Die Männer haben sie reichlich benutzt.
Sie wird sie verschlingen.
Verschlingen, verschlingen, schlußendlich verschlingen.
Die Sonne ist untergegangen. Ich sterbe. Ich mache
Schluß.

First Voice

Who is he, this blue, furious boy,
Shiny and strange, as if he had hurtled from a star?
He is looking so angrily!
He flew into the room, a shriek at his heel.
The blue color pales. He is human after all.
A red lotus opens in its bowl of blood;
They are stitching me up with silk, as if I were a material.

Erste Stimme

Wer ist er, dieser zornesblaue Junge,
Strahlend und fremd und wie aus einem Stern gefallen?
Er sieht so wütend aus!
Er schwappte in den Raum, ihm an den Fersen ein Schrei.
Das Blaue verblaßt. Er ist alles in allem ein Mensch.
Eine rote Lotosblüte erblüht in der Schale voll Blut;
Sie nähen mich mit Seide zusammen, als wär ich
irgendein Ding.

First Voice

What did my fingers do before they held him?
What did my heart do, with its love?
I have never seen a thing so clear.
His lids are like the lilac-flower
And soft as a moth, his breath.
I shall not let go.
There is no guile or warp in him. May he keep so.

Erste Stimme

Wozu hatte ich Hände, ehe sie ihn hielten?
Was fing mein Herz mit seiner Lust zu lieben an?
Ich hab noch nie etwas so klar gesehen.
Seine Augenlider sind wie Flieder
Sein Atem ist leicht wie ein Falter.
Ich werde ihn schützen und hüten.
In ihm ist keine Arglist, keine Täuschung.
        So soll er bleiben.

Second Voice

There is the moon in the high window. It is over.
How winter fills my soul! And that chalk light
Laying its scales on the windows, the windows of empty
offices,
Empty schoolrooms, empty churches. O so much
emptiness!
There is this cessation. This terrible cessation of
everything.
These bodies mounded around me now, these polar
sleepers –
What blue, moony ray ices their dreams?

Zweite Stimme

Durchs Oberlicht scheint der Mond. Es ist vorbei.
Wie der Winter sich mir auf die Seele legt! Und dieses
kreidig bleiche Licht
Legt sich wie Schuppen an die Fenster, die Fenster
verlassener Büros,
Verlassener Schulzimmer, verlassener Kirchen. Ach diese
große Verlassenheit!
Es ist so erstarrt. Alles ist so entsetzlich erstarrt.
Diese Körper aufgeschichtet hier um mich, diese Schläfer
des ewigen Schlafs
Welch blauer Mondstrahl vereist ihre Träume?

Second Voice

I feel it enter me, cold, alien, like an instrument.
And that mad, hard face at the end of it, that O-mouth
Open in its gape of perpetual grieving.
It is she that drags the blood-black sea around
Month after month, with its voices of failure.
I am helpless as the sea at the end of her string.
I am restless. Restless and useless. I, too, create corpses.

Zweite Stimme

Ich fühle, es ergreift mich, kalt und so fremd als wär ich
ein Werkzeug.
Und dieses verrückte, harte Gesicht am Schluß,
dieser O-förmige Mund
Klaffend vor Leid ohne Ende.
Es ist der Mond, der das blutschwarze Wasser anzieht
Monat für Monat, mit Untergangsstimmen.
Hilflos bin ich wie die See im Gezeitenwechsel.
Ich bin unruhig. Unruhig und nutzlos.
Auch ich schaffe Leben.

Second Voice

I shall move north. I shall move into a long blackness.
I see myself as a shadow, neither man nor woman,
Neither a woman, happy to be like a man, nor a man
Blunt and flat enough to feel no lack. I feel a lack.
I hold my fingers up, ten white pickets.
See, the darkness is leaking from the cracks.
I cannot contain it. I cannot contain my life.

Zweite Stimme

Ich will nach Norden ziehen. Ich will mich in eine lange
Dunkelheit begeben.
Ich sehe, daß ich ein Schatten bin, weder Mann noch Frau,
Weder eine Frau, die froh ist, wie ein Mann zu sein,
noch ein Mann
Dumpf und platt genug um Verlust nicht zu spüren.
Ich spüre den Verlust.
Ich strecke meine Finger aus, zehn weiße Stummel.
Sieh an, die Dunkelheit ist lärmzerrissen.
Ich kann es nicht halten. Ich kann mein Leben nicht
halten.

Second Voice

I shall be a heroine of the peripheral.
I shall not be accused by isolate buttons,
Holes in the heels of socks, the white mute faces
Of unanswered letters, coffined in a letter case.
I shall not be accused, I shall not be accused.
The clock shall not find me wanting, nor these stars
That rivet in place abyss after abyss.

Zweite Stimme

Ich werde Heldin sein auf einem Nebenschauplatz.
Man wird mir nicht verlorene Knöpfe vorwerfen,
Nicht Löcher in den Sockenfersen, nicht die Stummheit
Unbeantworteter Briefe, abgelegt, begraben
in einem Briefkarton.
Man kann mir nichts vorwerfen, man kann mir
nichts vorwerfen.
Die Uhr wird mich aus keiner Sehnsucht reißen,
so wenig wie diese Sterne
Die noch am selben Ort stehen, von einem Untergang
zum anderen.

Third Voice

I see her in my sleep, my red, terrible girl.
She is crying through the glass that separates us.
She is crying, and she is furious.
Her cries are hooks that catch and grate like cats.
It is by these hooks she climbs to my notice.
She is crying at the dark, or at the stars
That at such a distance from us shine and whirl.

Dritte Stimme

Ich sehe es im Schlaf, mein rosiges,
schreckliches Mädchen.
Sie überbrüllt die Glaswand, die uns trennt.
Sie brüllt, und sie ist voller Wut.
Wie Haken dringen ihre Schreie ein, die krallen und
kratzen wie Katzen.
Diese Haken klammern meine Aufmerksamkeit.
Sie brüllt die Dunkelheit an, oder die Sterne
Die so weit weg von uns strahlen und sich drehn.

Third Voice

I think her little head is carved in wood,
A red, hard wood, eyes shut and mouth wide open.
And from the open mouth issue sharp cries
Scratching at my sleep like arrows,
Scratching at my sleep, and entering my side.
My daughter has no teeth. Her mouth is wide.
It utters such dark sounds it cannot be good.

Dritte Stimme

Mir scheint, ihr kleiner Kopf ist wie aus Holz geschnitzt,
Aus rotem, hartem Holz, die Augen geschlossen
          und weit geöffnet der Mund.
Und aus dem offenen Mund dringt scharfes Brüllen
Ritzt mir den Schlaf wie Pfeile,
Ritzt mir den Schlaf und trifft mich von der Seite.
Meine Tochter hat keine Zähne. Ihr Mund ist groß.
Und stößt so dunkle Laute aus, das kann nicht gut sein.

First Voice

What is it that flings these innocent souls at us?
Look, they are so exhausted, they are all flat out
In their canvas-sided cots, names tied to their wrists,
The little silver trophies they've come so far for.
There are some with thick black hair, there are some bald.
Their skin tints are pink or sallow, brown or red;
They are beginning to remember their differences.

Erste Stimme

Was oder wer belastet uns mit diesen Seelen
voller Unschuld?
Sieh, wie erschöpft sie sind, sie alle liegen matt
In verschleierten Bettchen, Namensschildchen ums
Handgelenk gebunden,
Den kleinen silbernen Trophäen, zu denen sie es
bisher brachten.
Manche haben dichtes schwarzes Haar, manche sind kahl.
Die Farben ihrer Haut sind rosa oder gelblich,
braun oder rot;
Sie fangen langsam an, die Unterschiede wahrzunehmen.

First Voice

I think they are made of water; they have no expression.
Their features are sleeping, like light on quiet water.
They are the real monks and nuns in their identical
garments.
I see them showering like stars on to the world –
On India, Africa, America, these miraculous ones,
These pure, small images. They smell of milk.
Their footsoles are untouched. They are walkers of air.

Erste Stimme

Mir scheint, sie sind aus Wasser; sie haben
keinen Ausdruck.
Ihre Gesichter schlafen, wie Licht
auf stillem Wasser.
Sie sind in Wahrheit Mönche und Nonnen in dazu
passenden Hüllen.
Ich sehe, wie sie sternenähnlich in der Welt auftauchen –
In Indien, Afrika, Amerika, diese geheimnisvollen Wesen,
Diese reinen, bescheidenen Träume. Sie riechen nach Milch
Ihre Fußsohlen sind unberührt. Lufttänzer sind sie.

First Voice

Can nothingness be so prodigal?
Here is my son.
His wide eye is that general, flat blue.
He is turning to me like a little, blind, bright plant.
One cry. It is the hook I hang on.
And I am a river of milk.
I am a warm hill.

Erste Stimme

Kann eine Nichtigkeit so verschwenderisch sein?
Hier ist mein Sohn.
Seine Augen haben dieses frühe, einheitliche Blau.
Er dreht sich zu mir wie eine kleine, blinde,
        prächtige Pflanze.
Ein Schrei. An dieser Leine zapple ich.
Ich bin ein Fluß aus Milch.
Ein warmer Hügel.

Second Voice

I am not ugly. I am even beautiful.
The mirror gives back a woman without deformity.
The nurses give back my clothes, and an identity.
It is usual, they say, for such a thing to happen.
It is usual in my life, and the lives of others.
I am one in five, something like that. I am not hopeless.
I am beautiful as a statistic. Here is my lipstick.

Zweite Stimme

Ich bin nicht häßlich. Ich bin sogar schön.
Der Spiegel zeigt mir eine Frau, die keine Spuren trägt.
Die Schwestern geben mir die Kleider wieder,
meine Identität.
So etwas, sagen sie, kann immer mal passieren.
Es ist in meinem Leben so normal wie im Leben anderer.
Ich bin einer von fünf Fällen, so etwa. Ich bin nicht
ohne Hoffnung.
Ich bin so makellos wie die Statistik.
Hier ist mein Lippenstift.

Second Voice

I draw on the old mouth.
The red mouth I put by with my identity
A day ago, two days, three days ago. It was a Friday.
I do not even need a holiday; I can go to work today.
I can love my husband, who will understand.
Who will love me through the blur of my deformity
As if I had lost an eye, a leg, a tongue.

Zweite Stimme

Ich schminke mir den Mund wie früher.
Den roten Mund, den ich samt Identität
Aufgegeben hatte noch vor einem Tag, vor zwei Tagen
 oder drei.
Es war ein Freitag.
Ich brauch nicht einmal Urlaub; ich kann zur Arbeit gehen
 heute.
Ich kann meinen Mann, der alles verstehen wird, lieben.
Er wird mich lieben trotz des Mangels.
Als hätte ich ein Auge, Bein oder die Zunge verloren.

Second Voice

And so I stand, a little sightless. So I walk
Away on wheels, instead of legs, they serve as well.
And learn to speak with fingers, not a tongue.
The body is resourceful.
The body of a starfish can grow back its arms
And newts are prodigal in legs. And may I be
As prodigal in what lacks me.

Zweite Stimme

Und nun stehe ich da, ein wenig aussichtslos.
Deshalb gehe ich auf Rädern, statt auf meinen Beinen.
    Das tuts genauso.
Und sprechen will ich lernen mit den Fingern, ohne Zunge.
Der Körper hat Ressourcen.
Ein Seeigel kann sich Arme nachwachsen lassen
Und Molchen wachsen verschwenderisch die Beine.
        Möglicherweise
Bin ich genauso verschwenderisch mit meinen Mängeln.

Third Voice

She is a small island, asleep and peaceful,
And I am a white ship hooting: Goodbye, goodbye.
The day is blazing. It is very mournful.
The flowers in this room are red and tropical.
They have lived behind glass all their lives, they have been
cared for tenderly.
Now they face a winter of white sheets, white faces.
There is very little to go into my suitcase.

Dritte Stimme

Sie ist ein Inselchen, schläfrig und friedlich,
Und ich ein weißes Schiff, das abschiednehmend dröhnt:
Leb wohl, leb wohl.
Der Tag ist höllisch heiß und bringt nur Leid.
Die Blumen hier im Raum sind rot und tropisch.
Sie waren hinter Glas ein Leben lang, zärtlich umhegt.
Nun schauen sie auf einen weißen Lakenwinter, auf weißen Gesichtern Winter.
Ich muß nicht viel in meinen Koffer packen.

Third Voice

There are the clothes of a fat woman I do not know.
There is my comb and brush. There is an emptiness.
I am so vulnerable suddenly.
I am a wound walking out of hospital.
I am a wound that they are letting go.
I leave my health behind. I leave someone
Who would adhere to me: I undo her fingers like bandages:
        I go.

Dritte Stimme

Das sind die Kleider einer dicken Frau, die ich nicht kenne.
Da sind mein Kamm und meine Bürste. Da ist ein
leeres Nichts.
Ich bin auf einmal so verwundbar.
Als Wunde verlasse ich die Klinik.
Als Wunde lassen sie mich gehen.
Zurück lasse ich meine Gesundheit und jemanden,
Der zu mir gehört hätte: Ich löse ihre Finger von dem
meinen: Ich gehe.

Second Voice

I am myself again. There are no loose ends.
I am bled white as wax, I have no attachments.
I am flat and virginal, which means nothing has happened,
Nothing that cannot be erased, ripped up and scrapped,
begun again.
These little black twigs do not think to bud,
Nor do these dry, dry gutters dream of rain.
This woman who meets me in windows – she is neat.

Zweite Stimme

Wieder bin ich Ich selbst. Ich bin nichts Unwägbares mehr.
Ich bin ausgeblutet, weiß wie Wachs. Ich habe keinerlei Verpflichtung.
Ich bin platt und mädchenhaft, das heißt – nichts ist passiert,
Nichts, das man nicht ungeschehen machen könnte, auskratzen, ausschaben, neu beginnen.
Diese kleinen schwarzen Triebe denken nicht ans Knospen,
Genausowenig wie ausgetrocknete Furchen vom Regen träumen.
Die Frau, die sich, die mich im Fenster spiegelt – sie ist sehr nett.

Second Voice

So neat she is transparent, like a spirit.
How shyly she superimposes her neat self
On the inferno of African oranges, the heel-hung pigs.
She is deferring to reality.
It is I. It is I –
Tasting the bitterness between my teeth.
The incalculable malice of the everyday.

Zweite Stimme

So liebenswürdig, durchsichtig ist sie, wie ein Geist.
Wie schüchtern sie ihre Zartheit versteckt
Vorm Flammenmeer aus afrikanischen Orangen,
narbentragenden Idioten.
Sie läuft der Wirklichkeit davon.
Das bin Ich. Ich bin das –
Ich spür den bitteren Geschmack zwischen den Zähnen.
Die unberechenbare Bosheit des Alltags.

First Voice

How long can I be a wall, keeping the wind off?
How long can I be
Gentling the sun with the shade of my hand,
Intercepting the blue bolts of a cold moon?
The voices of loneliness, the voices of sorrow
Lap at my back ineluctably.
How shall it soften them, this little lullaby?

Erste Stimme

Wie lang kann ich die Mauer sein, die den Wind
        von dir abhält?
Wie lang kann ich
Die Sonne dir mildern mit dem Schatten meiner Hand,
Abfangen die blauen Schreckenspfeile eines
        kalten Mondes?
Die Stimmen der Einsamkeit, die Stimmen des Kummers
Dringen in mich ein, unentrinnbar.
Wie kann ich sie besänftigen, mit diesem Wiegenlied?

First Voice

How long can I be a wall around my green property?
How long can my hands
Be a bandage to his hurt, and my words
Bright birds in the sky, consoling, consoling?
It is a terrible thing
To be so open: it is as if my heart
Put on a face and walked into the world.

Erste Stimme

Wie lang kann ich Mauer sein rings um meine
grünende Zuflucht?
Wie lang können meine Hände
Für seine Wunden Pflaster sein, und meine Worte
Prächtige Vögel am Himmel, tröstlich sein, tröstlich?
Es ist furchtbar
So offen zu sein: Als ziehe mein Herz sich
Ein Gesicht an und marschiere hinaus in die Welt.

Third Voice

Today the colleges are drunk with spring.
My black gown is a little funeral:
It shows I am serious.
The books I carry wedge into my side.
I had an old wound once, but it is healing.
I had a dream of an island, red with cries.
It was a dream, and did not mean a thing.

Dritte Stimme

Heute sind die Schulen vom Frühling wie berauscht.
Mein schwarzes Kleid erinnert an Beerdigung:
Man sieht: ich bin nicht fröhlich.
Die Bücher, die ich trage, drücken mir in die Seite.
Ich hatte einmal eine alte Wunde, aber sie ist am Heilen.
Ich hatte einen Traum von einer Insel, rot mit Geschrei.
Es war ein Traum, und hat gar nichts bedeutet.

First Voice

Dawn flowers in the great elm outside the house.
The swifts are back. They are shrieking like paper rockets.
I hear the sound of the hours
Widen and die in the hedgerows. I hear the moo of cows.
The colors replenish themselves, and the wet
Thatch smokes in the sun.
The narcissi open white faces in the orchard.

Erste Stimme

Dämmerung blüht auf in der großen Ulme vor dem Haus.
Die Schwalben sind zurück. Sie kreischen wie
        Spielpapierraketen.
Ich höre den Klang der Stunden
Sich aus den Hecken erheben und dort
        wieder verstummen.
Ich höre das Muhen der Kühe.
Die Farben kommen immer wieder neu, und
In der Sonne dampft das feuchte Strohdach.
Die Narzissen öffnen sich weiß im Garten.

First Voice

I am reassured. I am reassured.
These are the clear bright colors of the nursery,
The talking ducks, the happy lambs.
I am simple again. I believe in miracles.
I do not believe in those terrible children
Who injure my sleep with their white eyes, their fingerless
hands.
They are not mine. They do not belong to me.

Erste Stimme

Ich bin wieder sicher. Ich bin ruhig.
Ich seh die Kinderzimmerfarben, hell und leuchtend,
Die schnatternden Entchen, die lustigen Lämmchen.
Ich bin einfach wieder normal. Ich glaube an Wunder.
Und nicht an diese schrecklichen Kinder,
Die mir den Schlaf mit ihren weißen Augen stören, ihren fingerlosen Händen.
Es sind nicht meine. Zu mir gehören sie nicht.

First Voice

I shall meditate upon normality.
I shall meditate upon my little son.
He does not walk. He does not speak a word.
He is still swaddled in white bands.
But he is pink and perfect. He smiles so frequently.
I have papered his room with big roses,
I have painted little hearts on everything.

Erste Stimme

Ich will nachdenken über das Normale.
Ich will nachdenken über meinen kleinen Sohn.
Er geht noch nicht. Er spricht kein Wort.
Er wird noch immer in weiße Windeln gelegt.
Doch er ist rosig und vollkommen. Er lächelt so oft.
Ich hab ihm sein Zimmer mit großen Rosen tapeziert,
Und auf alles kleine Herzchen gemalt.

First Voice

I do not will him to be exceptional.
It is the exception that interests the devil.
It is the exception that climbs the sorrowful hill
Or sits in the desert and hurts his mother's heart.
I will him to be common,
To love me as I love him,
And to marry what he wants and where he will.

Erste Stimme

Ich will nicht, daß er was Besonderes ist.
Diese Erwartung schürt der Teufel.
Diese Erwartung endet an der Klagemauer
Oder schickt dich in die Wüste und verletzt
das mütterliche Herz.
Ich will ihn ganz gewöhnlich,
Daß er mich so liebt wie ich ihn,
Und heiratet, wen, was und wo er will.

Third Voice

Hot noon in the meadows. The buttercups
Swelter and melt, and the lovers
Pass by, pass by.
They are black and flat as shadows.
It is so beautiful to have no attachments!
I am solitary as grass. What is it I miss?
Shall I ever find it, whatever it is?

Dritte Stimme

Ein heißer Mittag über den Wiesen. Die Butterblumen
Welken und vergehen, und die Liebhaber
flattern vorbei, vorbei.
Sie sind schwarz und platt wie Schatten.
Es ist so schön, nicht gebunden zu sein!
Ich bin für mich so wie ein Grashalm. Was also fehlt mir?
Ob ich je weiß, was immer es ist?

Third Voice

The swans are gone. Still the river
Remembers how white they were.
It strives after them with its lights.
It finds their shapes in a cloud.
What is that bird that cries
With such sorrow in its voice?
I am young as ever, it says. What is it I miss?

Dritte Stimme

Die Schwäne sind verschwunden. Doch weiß der Fluß
Genau, wie weiß sie waren.
Er versucht, es ihnen gleichzutun mit seinem Glitzern.
Er sieht sie in Wolken gleiten.
Was ist das für ein Vogel,
Der mit solchem Leid in seiner Stimme schreit?
Ich bin so jung wie je, heißt das. Was also fehlt mir?

Second Voice

I am at home in the lamplight. The evenings are
lengthening.
I am mending a silk slip: my husband is reading.
How beautifully the light includes these things.
There is a kind of smoke in the spring air,
A smoke that takes the parks, the little statues
With pinkness, as if a tenderness awoke,
A tenderness that did not tire, something healing.

Zweite Stimme

Ich bin zu Haus im Licht der Lampen.
Die Abende werden länger.
Ich bessere einen Seidenslip aus: mein Mann liest.
Wie schön das Licht all dies umschließt.
Etwas wie Rauch liegt in der Frühlingsluft,
Ein Rauch, der sich über die Parkanlagen legt, die kleinen
        Statuen
Im Rosaton, als wäre eine Zärtlichkeit erwacht,
Eine Zärtlichkeit, die gar nicht schlief, sich bloß verbarg.

Second Voice

I wait and ache. I think I have been healing.
There is a great deal else to do. My hands
Can stitch lace neatly on to this material. My husband
Can turn and turn the pages of a book.
And so we are at home together, after hours.
It is only time that weighs upon our hands.
It is only time, and that is not material.

Zweite Stimme

Ich warte voll Schmerz. Ich denke, ich selbst
        hab mich verborgen.
Es gibt noch allerhand zu tun. Meine Hände
Sind recht geschickt im Spitzennähen auf Seide.
        Mein Mann
Kann Seite für Seite weiterblättern in seinem Buch.
Und so sind wir zu Hause nun zusammen, seit Stunden.
Es ist nur Zeit, die uns auf unsern Händen lastet.
Es ist nur Zeit, und die ist nicht zu greifen.

Second Voice

The streets may turn to paper suddenly, but I recover
From the long fall, and find myself in bed,
Safe on the mattress, hands braced, as for a fall.
I find myself again. I am no shadow
Though there is a shadow starting from my feet. I am a
wife.
The city waits and aches. The little grasses
Crack through stone, and they are green with life.

Zweite Stimme

Die Straßen können sich schlagartig in Papier verwandeln,
doch ich erhole mich
Nach einem tiefen Fall, ich bin im Bett,
Heil auf der Matratze, mit gebundenen Händen – um nicht
zu fallen.
Ich find mich wieder. Ein Schatten bin ich nicht
Auch wenn von meinen Füßen Schatten ausgeht. Ich bin
doch eine Frau.
Die Stadt wartet und stöhnt. Kleine Grashälmchen
Zwängen sich durch den Stein, und sie sind grün und
lebensvoll.

White Spirit
von Paule Constant

»... eine bitterböse, rasant erzählte Satire«
Spiegel Extra

»Mit den Mitteln des magischen Realismus schildert die Autorin in suggestiven Bildern eine phantastische Geschichte, irritierend fremdartig, aufwühlend spannend und hintergründig ironisch.«
Nürnberger Nachrichten

»Paule Constant, die in Frankreich mehrfach ausgezeichnete Autorin, hat sich in *White Spirit* wieder in die Welt ihrer Kindheit begeben. ... ohne Daten- und Ortsangaben, zeichnet sie in grausam-grotesken Bildern ein dichtes Netz von Abhängigkeiten. Daß Constant aus der räumlichen und zeitlichen Distanz ein so eindrückliches Stück Kolonialismuskritik gelingt, liegt vor allem an der kunstvollen und plastischen Sprache, dem Changieren zwischen Witz und Poesie sowie dem skurrilen Personal.« *Buchjournal*

»Mit trockenem Sarkasmus und einer eingängigen, herbsinnlichen Sprache entwirft Paule Constant in *White Spirit* ein Kaleidoskop afrikanischer Dritt-Welt-Abstrusitäten.«
Süddeutsche Zeitung

Paule Constant. »White Spirit«
Roman. Deutsche Erstausgabe.
Aus dem Französischen von Uli Aumüller

Neue Literatur in der Frankfurter Verlagsanstalt